AF369564

VENTE

Du Vendredi 15 Novembre 1907

HOTEL DROUOT, SALLE Nº 11

A DEUX HEURES PRÉCISES

Collection de M. MICHEL

ANCIEN ANTIQUAIRE A PARIS

DEUXIÈME VENTE

Tableaux et Dessins

ANCIENS ET MODERNES

GRAVURES — MEUBLES

COMMISSAIRE-PRISEUR

Mᵉ MAURICE DELESTRE
5, rue Saint-Georges

EXPERT

M. GUSTAVE LEGAY
57, rue Condorcet

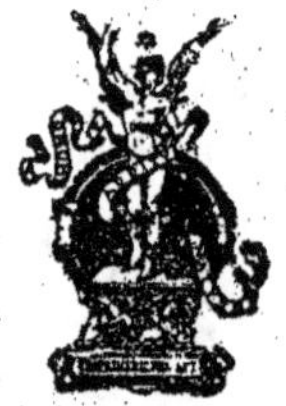

CATALOGUE

DES

TABLEAUX ET DESSINS

ANCIENS ET MODERNES

GRAVURES

MEUBLES — GLACES

COMPOSANT LA

Collection de M. MICHEL

ANCIEN ANTIQUAIRE A PARIS

DONT LA VENTE AURA LIEU

HOTEL DROUOT, SALLE N° 11

Le Vendredi 15 Novembre 1907

A DEUX HEURES PRÉCISES

<table>
<tr><td>COMMISSAIRE-PRISEUR</td><td>EXPERT</td></tr>
<tr><td>Me MAURICE DELESTRE</td><td>M. GUSTAVE LEGAY</td></tr>
<tr><td>5, rue Saint-Georges</td><td>57, rue Condorcet</td></tr>
</table>

CONDITIONS DE LA VENTE

Elle sera faite au comptant.

Les adjudicataires paieront *dix pour cent* en sus des enchères.

Paris. — Imp. de l'Art, Ch. Berger et Cⁱᵉ, 41, rue de la Victoire.

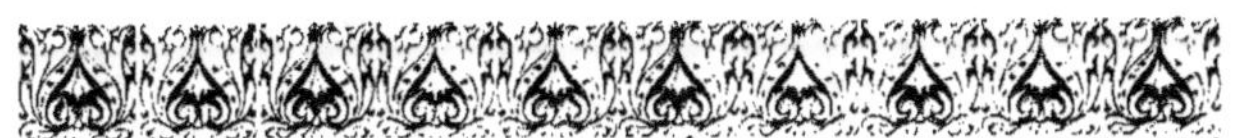

DÉSIGNATION

ALBUMS ET LIVRES

1 — Lot d'ouvrages relatifs à la Peinture et aux Beaux-Arts. *Sera divisé.*

2 — MOREAU LE JEUNE et FREUDENBERG. Histoire des Mœurs et du Costume des Français dans le xviii° siècle, ornée de douze estampes, dessinée par Sigusmant. Tiré à 500 exemplaires (porte le n° 49).

GRAVURES
ANCIENNES ET MODERNES

3 — BOUCHER et HUET (D'après). Deux gravures en couleurs; une vignette, eau-forte pour illustration.

4 — CALLOT et ISRAEL. La Vie des Saints, Chemin de Croix. Cent vingt-huit pièces.

4 *bis* — CALLOT et ISRAEL. Neuf pièces : Tour de Nesle et divers.

5 — CHARLET (1826). Album de treize pièces. Défense est faite de déposer aucun album le long de ce mur.

6 — CHIFFLARD (F.). Quatorze pièces : Étude et allégorie.

7 — Environ soixante pièces diverses : Aquarelles, Dessins, Croquis, Fusains, Gravures et Lithographies.

8-9 — DAUBIGNY. Voyage en bateau (1862). Croquis à l'eau-forte, un titre et 15 planches. Deux suites.

10 — GILLOT. Bacchanales, Fêtes de Diane, de Bacchus, etc. Quatre pièces.

11 — GRANDVILLE. Dix-huit pièces en couleurs: les fleurs animées.

12 — JACQUEMART, ROPS, etc. Quatre pièces eaux-fortes et lithographies.

12 *bis* — JACQUES (Ch.). Eaux-fortes et divers.

13 — JACQUES (Ch.). Vingt-cinq pièces : Paysages, sujets et animaux.

14 — JAZET. Portrait de Bonaparte Premier Consul (en couleur).

15 — LEBEAU et DUHAMEL. Quatre portraits encadrés : Marie-Adélaïde; Marie-Joséphine-Louise, princesse de Savoie; Charles-Philippe de France et Louis Stanislas.

16 — PFEIFFER. Portrait de Henricus-Fridericus Fürger, d'après lui-même, gravé par Pfeiffer en 1791.

17 — RAJON. Portrait de Darwin. Epreuve d'état.

18 — ROUSSEAU (J.-B.). Gravures dans un cadre en bois sculpté.

19 — Quarante pièces, Portraits, culs-de-lampe.

20 — Six gravures : La Voluptueuse, la Petite Fermière, le Printemps, Comptez sur mes serments.

20 *bis* — Deux gravures en couleurs : L'Abbé Syeyes et Cosaque régulier.

20 *ter* — Neuf gravures : Vues de Villes.

TABLEAUX
ANCIENS ET MODERNES

21 — BAKALOWICZ. Portrait de Jeune Femme. Signé.

22-23 — BAKALOWICZ. La Charité et Indiscrétions. Signé.

24 — BAUDRY (Attribué à Paul). Esquisse pour un plafond du foyer de l'Opéra.

25 — BAUDRY (Attribué à Paul). Esquisse de plafond.

26 — BERGUES (Tony de). Deux Marines. Vues de Portugal. Signées.

27 — BERGUES (Tony de). Trois Marines. Signées.

28 — CAUCHOIS. Deux tableaux : Nature morte. Signés.

29 — CAUCHOIS. Huit tableaux : fleurs. (*Sera divisé.*) Signés.

30 — CAUCHOIS. Deux tableaux : fleurs. Signés.

31 — CAUCHOIS. Fleurs dans une jardinière en faïence.
Signé.

32-33 — CAUCHOIS. Quatre petites toiles : fleurs.

34 — CEBRAUN. Marine, marée basse, près de Grandville.
Signée.

35 — COROT (Attribué à). Esquisse, paysage.

36 — COROT (Attribué à). Esquisse de Maison à Mantes-
la-Jolie.

37 — COROT. (Attribué à). Paysage, bord de la Seine.

38 — COROT (Attribué à). Étude sur papier : Effet du
matin dans les bois de Ville-d'Avray.

39 — DARJOU (A.). Scène bretonné pour l'album des cos-
tumes.

40 — DEMARTEAU. (Attribué à). Andromaque.

41 — DIETHE. Ecole Anglaise. Scène d'intérieur. Signé.

42 — DUVIEUX (N.). Vues de Saint-Ouen.

43 — ECOLE FRANÇAISE. Six petites pièces, sujets divers.

44 — ECOLE FRANÇAISE. Petit Portrait de Louis XIV
avec son cadre bois sculpté.

45 — ECOLE HOLLANDAISE. Paysage.

46 — ECOLE FRANÇAISE. Portrait de Lulli, célèbre musi-
cien, créateur de l'Opéra sous Louis XIV. Il montre
des volumes sur le traité de l'Opéra. Beau cadre, bois
sculpté et doré du temps.

47 — Franck (Sébastien). Sujets religieux.

48 — Hyon (G.). Cavalier. Episode de la guerre de 1870. Signé.

49 — Hyon (G.). Sentinelle avancée. Episode de la guerre de 1870. Signé.

50 — Jacques (Ch.). (Attribué à). Troupeaux de chèvres.

51 — Lefèvre. (Attribué à). Danseuse.

52 — Lefèvre. (Attribué à). Louis XI et son Bouffon.

53 — Lépicié. (Attribué à). Etudes sur toile et papier.

54 — Lépicié. (Attribué à). La Cuisinière.

55 — Michau (Théobald). Paysage et animaux.

56 — Michel. (Attribué à). Paysage à Montmartre.

57 — Michel. (Attribué à). Marine.

58 — Moreau (Le Jeune). (Att. à). La Charité, grisaille. (A été gravé.). Dans un cadre bois sculpté Louis XVI.

59 — Paris-Vue. Sur toile.

60 — Six pièces : Etude et divers.

61 — Le Grand Condé, maréchal de France.

62 — Pécrus. Vue de Versailles. Signé.

63 — Pécrus. Mousquetaire. Signé.

64 — Pécrus. Mousquetaire. Signé.

65 — Pécrus. Hôtellerie de la Belle-Etoile, rue de l'Arbre-Sec. (Scène entre Maître la Hurière et le comte de la Mole.) Signé.

66 — Pécrus. Jeune Mousquetaire. Signé.

67 — Pécrus. Jeune femme dans un jardin. Signé.

68 — Pécrus. Scène d'intérieur. Signé.

69 — Pécrus. Vue de la plage de Trouville. Signé.

70 — Pécrus. Jeune femme au Jardin des Tuileries. Signé.

71 — Ottavio (Attribué à Leoni. Portrait de Femme.

72 — Reynolds. Portrait de Maréchal.

73 — Rigon. Bord de la Vels (Marne). Signé.

74 — De Saint-Martin (Pau). Cinq pièces, paysages et vues des environs de Paris.

75 — Serre (Léop). Jeune femme dans un bois.

76 — Taylor (T.). Femme assise jouant avec un chien griffon. Signé.

77 — Wouwerman (Attribué à). Cavaliers. Étude sur papier.

77 bis — Vernet (Attribué à Carle). Course de chevaux au Champs-de-Mars (1840).

DESSINS MODERNES

78 — BEAUMONT (E. de). Homme se faisant la barbe, caricature rehaussée d'aquarelle.

79 — BAKALOWICZ (Attribué à). Jeune Femme assise, vêtue de rouge. Aquarelle.

80 — BONHEUR (Rosa). Tête de bélier. Mine de plomb. Signé. Encadré.

81 — BRASCASSAT. Etude de vache, sur papier huilé.

82 — CLERGET, FORGÉ et autres. Paysages. Quatre pièces à l'aquarelle.

83 — CICERI. Portrait de Polier, plume et aquarelle.

84 — COROT (Attribué à). Etude d'arbre, mine de plomb.

85 — DARJOU (A.). Les Lutteurs, esquisse peinte.

86 — DECAMPS (Attribué à). Intérieur de forge ; Cheval au repos. Deux dessins, dont un à la mine de plomb et l'autre au fusain.

87 — DECAMPS. Environ cent pièces : Croquis, Rébus, Gravures, Eaux-fortes, Lithographies et divers.

88 — DELATRE (Eug.). Une rue de Montmartre, aquarelle. Signée et datée *1882*.

89 — DESHAYES (Eug.). Marines. Deux aquarelles.

90 — DIAZ (Genre de). Trois esquisses peintes sur papier.

91 — DEMOULIN. Tête de Vieillard, crayon. De la collection Niel.

92 — Feuille d'éventail, aquarelle.

93 — ÉCOLE FRANÇAISE. Vingt pièces, aquarelles.

94 — ECOLE FRANÇAISE. Cent dix pièces, divers.

95 — ECOLE FRANÇAISE. Trente pièces, divers.

96 — Douze pièces : Portraits et Cavalier.

97 — FRANTZ. Bateaux, aquarelle.

98 — GÉRICAULT (Attribué à). Cavaliers au repos.

99 — GRANDVILLE (Attribué à J.-J.). Trois dessins humoristiques dont un rehaussé d'aquarelle.

100 — HERVIER. Cour de ferme. Dessin à la mine de plomb.

101 — JONGKIND (Attribué à). Vue d'un canal en Hollande. Mine de plomb, rehaussé de lavis.

102 — LALANNE (Maxime). Paysage avec cours d'eau. Fusain.

103 — LE BAS (Hip.). Deux Paysages. Sépia.

104 — LEFÈVRE. Trente pièces. Aquarelles.

105 — LEFÈVRE. Douze pièces. Aquarelles.

106 — MARVY. — Aquarelles : Cathédrale de Caen.

107 — MASSART. Portrait de Monge. Mine de plomb.

108 — MESSAGER. Tête de Vierge à la sanguine.

109 — MICHEL. Sept dessins, vues de Paris.

110 — MICHEL (Attribué à). Deux vues de Paris, enca-
drées sous verre.

111 — MICHEL (Attribué à). Vues de Paris, paysages au
crayon.

112 — MICHEL-LÉVY. Bateau-lavoir sur la Seine. Portrait
de jeune femme décolletée. Aquarelles.

113 — MILLET (Attribué à F.). Deux études, l'une à la
plume, l'autre au crayon.

114 — PICOU. Jeune Napolitain assis sur une terrasse.
Aquarelle.

115 — Vingt-cinq pièces : Dessins, Croquis.

116 — Quarante pièces : Dessins, Croquis.

117 — Trente pièces : Dessins, Croquis.

118 — Quarante-cinq pièces : Croquis, Fusain. Aqua
relles et divers.

119 — Seize pièces : Aquarelles, Dessin et divers.

DESSINS ANCIENS
ÉCOLE FRANÇAISE

120 — Anonyme. Prise de la Bastille. Plume et lavis.

121 — Boissieu (De). Trois Gamins assis. Paysages, deux
Etudes. Plume et lavis.

122 — Boucher (D'après). Amour aux raisins, allégorie
de l'Automne. Dessin aux trois crayons.

123 — Carmontel, Clouet, Moitte, Nattier (Attribué
à). Quatre portraits.

124 — Ciocchi. La Volupteuse.

125 — Cochin. Allégorie. Sanguine.

126 — Desfriches. Réunion champêtre. Crayon noir.

127 — Desrais (Attribué à). Trois feuilles contenant quatorze portraits de forme ronde. Plume et lavis.

128 — Ecole française. Neuf Dessins genre de Boilly,
Vigée, Lawreince, Leprince, Saint-Aubin et autres.

129 — Ecole française. Enfants à un balcon. Trait à la
sanguine.

130 — Ecole Française. Album de collection contenant
cinquante dessins à la sanguine.

131 — Fragonard (Attribué à). Cinq pièces : Paysages
et Figures.

132 — Huet (Attribué à J.-B.). La Bonne mère. Gouache. Dans un cadre style Louis XVI.

133 — Huet (Attribué à J.-B.). Dessin à la sanguine : Le Pécheur.

134 — Lépicié (Attribué à). Jeune garçon tenant un pichet. Crayon noir.

135 — Mallet (D'après). Le Bain, gouache.

136 — Miniatures. Six pièces sur vélin.

137 — Miniature. Lettre extraite d'un Antiphonaire, décor rouge et bleu sur parchemin.

138 — Moreau Le Jeune (D'après). C'est un fils, Monsieur ! — La Chaise à porteurs. Deux aquarelles.

139 — Parocel. Cavalier faisant le coup de feu. Sanguine.

140 — Portail (Attribué à). Parc avec personnages. Crayon noir. — Seigneur et Dame. Étude à la sanguine.

141 — Poussin (Attribué à Nicolas). Sujet biblique. Plume et lavis.

142 — Robert (H.). Aquarelle. Vue d'architecture à Rome.

143 — Shaki (D'après Prud'homme). Le Flambeau de l'Amour.

144 — Swebach (Attribué à). Choc de cavalerie. Plume et sépia.

145 — Trinquesse (Genre de). Femme assise dans un parc. Sanguine.

146 — Vernet (Attribué à J.). Trois miniatures, marines
et portrait.

147 — Wille (P. A.). Trois études de têtes, à la plume.
Signées et datées : *1832*.

ÉCOLES

HOLLANDAISE ET FLAMANDE

148 — Berchem (Attribué à Nicolas). Chasse au faucon.
— Passage de gué. Deux dessins, plume et lavis.

149 — Berchem (Attribué à Nicolas). Départ pour le
marché. Dessin rehaussé de couleur.

150 — Cornelis van Noorde. Rue de village, lavis.

151 — Horremans. Chasseur. — Feuille d'étude. Deux
dessins sanguine.

152 — Miel Jan. Jeune garçon accroupi. Crayon noir.

153 — Ommeganck (Attribué à). Vache au pâturage. Mine
de plomb.

154 — Rembrandt (Attribué à). Jésus et les Docteurs.
Plume.

155 — Van der Meulen. Cavaliers. Plume et lavis.

156 — Van Dyck (Attribué à). Six dessins à la plume sur
une feuille.

157 — Van Goyen (Attribué à). Paysage avec cours d'eau.

158 — Van Huysun. Fleurs. Plume et lavis.

ÉCOLE ITALIENNE

159 — ALBANI, ALBERTI, ALLORI. Cinq dessins sanguine et pierre noire.

160 — ALLORI, TEMPESTA, ZUCCHERI et autres (Attribués à). Six dessins.

161 — BARBIERI, BATTONI et autres. Huit dessins, plume, lavis, etc.

161 *bis* — BRONZINO, BONDUCCI, CARRACCI, CORREGIO, CORTONE, FERRARI et autres. Sept dessins plume, lavis.

162 — DOMINIQUIN (Attribué à). Deux pièces sujets religieux.

163 — FACINI, FUSELLI, GAROFOLO, GHISELFI, GAZZI, LUTI. Onze dessins.

164 — POLIDORE DE CARAVAGE. Scènes romaines.

165 — RENI (Guido), RICCI, SAVOLINI, PERRUZI et autres. Sept dessins.

166 — ROSA (Salvator), SACCHI, SIRANI, TINTORETTO. Sept dessins.

167 — TIEPOLO (Attribué à). Tobie et l'Ange. Plume et lavis.

168 — TIEPOLO (Attribué à). Deux sujets religieux.

169 — TISIO, VACCARO, ROMANELLI, VANNI et autres (Attribués à). Neuf dessins.

MEUBLES

170 — Table de nuit ovale en acajou, avec galeries ajourées, bronze poli, dessus en marbre. Epoque Louis XVI.

171 — Chiffonnier avec nombreux tiroirs en marqueterie de bois de rose ornée de bronzes. Style Louis XVI.

172 — Piano droit, palissandre.

173 — Deux chaises à lyre. Epoque Louis XVI.

174 — Petite table, noyer noirci. Epoque Louis XIII.

175 — Grande table, torse, noircie. Epoque Louis XIII.

176 — Bibliothèque acajou.

177 — Grande glace à fronton en bois sculpté et doré. Epoque Louis XIV.

178 — Grande glace moderne, porte-carton, boîte à ouvrage.

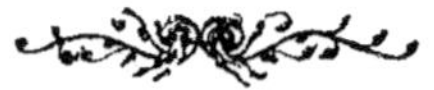